Les ave
d'Albert et Folio

Halte aux voleurs !

Didier Eberlé
André Treper

hachette
FRANÇAIS LANGUE ÉTRANGÈRE
www.hachettefle.fr

Dans la même collection :

Une nouvelle famille • Didier Eberlé • André Treper • Niveau A1
Chez le vétérinaire • Didier Eberlé • André Treper • Niveau A1
Un heureux événement • Didier Eberlé • André Treper • Niveau A1
Vive les vacances ! • Didier Eberlé • André Treper • Niveau A1

Achevé d´imprimer en Espagne par Cayfosa - Impresia Ibérica

Dépôt légal : Octobre 2014 - Edition 02

Couverture et maquette intérieure : Anne-Danielle Naname

Mise en pages : Anne-Danielle Naname – Juliette Lancien

Illustrations : Didier Eberlé

Enregistrements : Studio Quali'sons, David Hassici

ISBN : 978-2-01-155963-0
© Hachette Livre 2013, 43, quai de Grenelle,
75905 PARIS CEDEX 15 www.hachettefle.fr

Toutes les nuits, Folio dort sur le lit de ses maîtres.
— J'adore dormir entre les pieds de Jules et d'Alice.
Albert, lui, ronfle beaucoup. Il dort donc dans son
panier.

Tous les matins, le réveil sonne très tôt.
Albert n'aime pas ça.
— C'est dur de se réveiller !
Folio, elle, se lève toujours la première.

Jules et Alice se préparent pour aller au travail.
Folio n'est pas très contente.
– Pouah, je n'aime pas quand Alice se met du
parfum. Elle sent mauvais.

Jules et Alice partent travailler. Albert et Folio
sont un peu tristes mais ils ont aussi du travail…
Leur travail : garder l'appartement quand Jules
et Alice ne sont pas là.

Folio est très sérieuse.

— J'observe tout dans l'appartement. Et quand je dors, je garde toujours mes oreilles grandes ouvertes.

Albert, lui, fait toujours beaucoup de bêtises…

BING, BANG ! Il y a du bruit derrière la porte.
Folio ne comprend pas :
— Aujourd'hui, Jules et Alice rentrent tôt du
travail. Mais je ne reconnais pas leur odeur.

Albert n'arrête pas de jouer. Il ne sent rien
de bizarre avec son gros nez. Il s'amuse avec
un journal.
— Waf, c'est rigolo de déchirer le journal !

BANG ! La porte s'ouvre violemment.
Et ce ne sont pas Alice et Jules !
Deux grands bonhommes entrent dans
l'appartement. Folio et Albert ont très peur.
Ils partent en courant.
— Au secours ! À l'aide !

Folio est terrorisée. Elle saute très haut, sur un
meuble, dans le salon.
— Mais qui sont-ils ? Qu'est-ce qu'ils veulent ?
Et où est Albert ?

Avec ses petites pattes, Albert court se cacher
sous le lit, dans la chambre.
— Ils ont l'air très méchant ! Mais qui sont-ils ?
Et où est Folio ?

Les deux bonhommes font beaucoup de désordre
dans l'appartement.
Folio n'est pas contente du tout…

Un bonhomme met le bel appareil photo de Jules dans son sac. Et Folio ne peut rien faire pour arrêter ça !

— Au voleur ! Au voleur ! Albert, où es-tu ?

Sous le lit, Albert a le cœur qui bat très vite mais son petit cerveau fonctionne bien.
— J'ai peut-être une idée, mais c'est très dangereux…

Sur le meuble, Folio a le cœur qui bat très vite mais son petit cerveau fonctionne bien.
— J'ai peut-être une idée, mais c'est très dangereux…

Un voleur prend le joli collier en or d'Alice.
Folio décide de passer à l'action.
— Je vais jeter un vase sur la tête de cet horrible
voleur !

Raté ! Le vase tombe à côté de sa tête.
Folio a peur car le vilain bonhomme est très énervé.
— Au secours ! À l'aide !

BADABOUM, BING, BANG !
Folio saute en l'air et renverse plein de gros livres.

Le voleur veut attraper la chatte mais il marche
sur un livre…

Il tombe par terre et lâche le collier.
Et Folio renverse une lampe sur sa tête.
BANG ! Le bonhomme ne bouge plus du tout.
— Comme ça, tu ne nous embêteras plus !
Et je vais cacher le collier d'Alice.

De son côté, Albert veut sortir pour prévenir
les voisins et la police.
— Zut, la porte est fermée. Je dois vite retourner
me cacher.
Mais le pauvre chien n'a pas le temps…

Albert est coincé contre le mur par un voleur qui n'a pas l'air content du tout.
— Qu'est-ce qui va m'arriver ?...

Grrrrh

Grrrrh

Albert est un gentil chien qui n'a jamais mordu
personne. Mais aujourd'hui, il est en danger.
D'un coup, il saute et mord le pantalon du voleur :
— Grrrh, grrrh, ça t'apprendra à voler les gens !

AAAAHHHHH

— AAAAHHHHH ! Lâche-moi !
Le voleur hurle. Il essaie d'ouvrir la porte de
l'appartement pour s'enfuir mais Albert ne lâche
pas le pantalon.

Le voleur dans le salon ne bouge plus.
Folio peut donc aider son grand ami Albert.
— En fait, Albert n'a pas besoin de moi.
Il se débrouille très bien tout seul.

Albert lâche enfin le pantalon du voleur qui
s'enfuit. Le chien courageux aboie maintenant
très fort pour appeler à l'aide.
— J'espère que les voisins vont m'entendre et
appeler la police.

Albert sort de l'appartement et fait beaucoup
de bruit dans le couloir. À ce moment-là,
le facteur arrive :
— Qu'est-ce que tu fais là, gentil Albert ?
Il y a un problème ?...

Le facteur appelle la police.
Albert est fier d'accueillir les policiers. Il remue la queue et saute dans tous les sens.
— Avec Folio, on surveille bien l'appartement !

Folio est très fière de montrer le voleur étendu
par terre aux policiers et à ses maîtres, Jules et
Alice.
— Je l'ai fait tomber toute seule !

Jules et Alice ont tout rangé dans l'appartement.
Bonne nouvelle : la police a retrouvé le voleur
et l'appareil photo de Jules.
Bravo ! Grâce à Albert et Folio, rien n'a été volé.

DING
DING

Pour le remercier, Alice offre un bel os à Albert.

— Miam, c'est drôlement bon !

Pour la remercier, Jules offre un jouet qui fait du bruit à Folio.

— Chouette, c'est drôlement rigolo !

Maintenant, tous les matins, quand Jules et Alice
partent au travail, ils sont tranquilles.
Ils savent que leur appartement est bien gardé.